JEU RÉCRÉATIF

DE LA MAISON

QUE PIERRE LE GRAND

A BATIE.

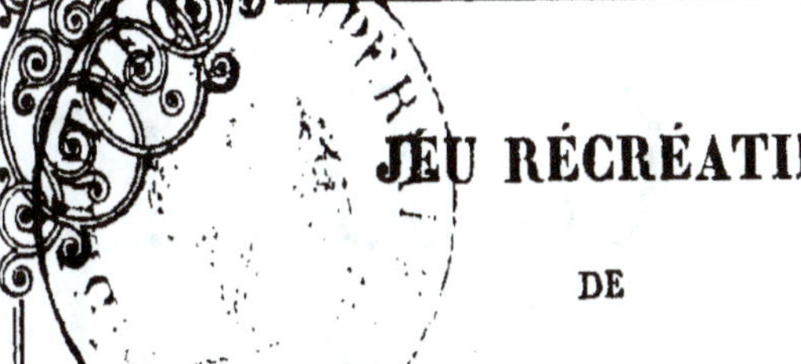

JEU RÉCRÉATIF

DE

LA MAISON

QUE

Pierre le Grand

A BATIE,

DÉDIÉ A MES PETITS ENFANTS.

PARIS,

Chez DELARUE, libraire, quai des Augustins;

LILLE, chez BLOCQUEL-CASTIAUX.

A B C D E

F G H I J

K L M N

O P Q R

S T U V

W X Y Z.

Voilà
la Maison
que
Pierre le Grand
a batie.

Voilà la maison que Pierre le
Grand a bâtie.

Voilà
le Blé qui était
renfermé   dans
la maison que
Pierre le Grand
a batie.

Voilà le Blé qui était renfermé
dans la maison...

Voilà le gros Rat
qui mangeait le blé,
qui était renfermé
dans la maison que
Pierre le Grand a
bâtie.

Voilà le gros Rat qui mangeait
le blé....

Voilà le chat qui a tué le gros rat , qui mangeait le blé , qui était renfermé dans la maison que Pierre le Grand a bâtie.

Voilà le Chat qui a tué le gros Rat,
qui mangeait le blé....

Voilà le chien har-
gneux qui tourmen-
tait le chat, qui a
tué le gros rat, qui
mangeait le blé, qui
était renfermé dans
la maison que Pierre
le Grand a bâtie.

Voilà le chien hargneux qui
tourmentait le chat....

Voilà la vache qui a lancé en l'air le chien hargneux, qui tourmentait le chat, qui a tué le gros rat, qui mangeait le blé, qui était renfermé dans la maison que Pierre le Grand a bâtie.

Voilà la vache qui a lancé en l'air
le chien hargneux....

Voilà la pauvre Fille qui a trait la vache, qui a lancé en l'air le chien hargneux, qui tourmentait le chat, qui a tué le gros rat, qui mangeait le blé, qui était renfermé dans la maison que Pierre le Grand a bâtie.

Voilà la pauvre Fille qui a trait
la vache....

Voilà la vieille mère de la pauvre fille qui a trait la vache, qui a lancé en l'air le chien hargneux, qui tour-mentait le chat, qui a tué le gros rat, qui mangeait le blé, qui était renfermé dans la maison que Pierre le Grand a bâtie.

Voilà la vieille Mère de la
pauvre fille....

Voilà l'aimable Enfant qui a secouru la vieille mère de la pauvre fille, qui a trait la vache, qui a lancé en l'air le chien hargneux, qui tourmentait le chat, qui a tué le gros rat, qui mangeait le blé, qui était renfermé dans la maison que Pierre le Grand a bâtie.

Voilà l'aimable enfant qui a secouru
la vieille mère...

Voilà le beau coq qui a chanté le **matin**, et qui a réveillé l'aimable enfant, qui a secouru la vieille mère de la pauvre fille, qui a trait la vache, qui a lancé en l'air le chien hargneux, qui tourmentait le chat, qui a tué le gros rat, qui mangeait le blé, qui était renfermé dans la maison que Pierre le Grand a bâtie.

Voilà le beau coq qui a chanté le matin ,
et qui a reveillé l'aimable enfant.

a	e	i ou y	o	u
ba	be	bi	bo	bu
ca	ce	ci	*co*	*cu*
da	de	di	do	du
fa	fe	fi	fo	fu
ga	ge	gi	*go*	*gu*
ha	he	hi	ho	hu
ja	je	ji	jo	ju
ka	ke	ki	ko	ku
la	le	li	lo	lu

ma	me	mi	mo	mu
na	ne	ni	no	nu
pa	pe	pi	po	pu
qua	que	qui	quo	quu
ra	re	ri	ro	ru
sa	se	si	so	su
ta	te	ti	to	tu
va	ve	vi	vo	vu
xa	xe	xi	xo	xu
za	ze	zi	zo	zu

Pa pa.
Ma man.
Fan fan.
Ga teau.
Jou jou.
Na non.
Da da.
Tou tou.
Pou pée.
Dra gée.

LILLE. — TYP. DE BLOCQUEL-CASTIAUX.

Voilà la Maison que Pierre le Grand
a bâtie.